Life is Hard

人生很苦
而且不回甘。

千句經典語錄首度集結

温秉錞 著

目錄
Contents

8 年就等這一本，
每天不打烊的原創語錄

2015 年，臉書正盛，當時溫咖啡以「每日一句」原創語錄，試圖在競爭激烈的咖啡市場打造出店家特色。「每日一句」的想法初衷，是一天發想一個短句，以貼紙形式貼在外帶咖啡杯上，同時發佈於溫咖啡臉書，藉此做出分眾品牌特色，並且樹立辨識度。

藉由病毒式傳播效應，溫咖啡的「每日一句」原創語錄，漸漸成為這家咖啡店的最大特色。這個堅持一走 8 年，一日一句，沒有一天打烊，藉此也累積了近 3,000 則原創語錄，以及 20 多萬名粉絲，曾創下最高單則語錄按讚數超過 50,000 的紀錄。

溫咖啡的原創語錄，每一句都寫進人們的真實生活與暗地裡的煩惱，主題囊括職場、金錢、身材、愛情兩性、偶也書寫溫暖親情與友情、更不乏幽時事一墨。讀過溫咖啡語錄的人，即便只是在滑過手機的短時間內看一眼，都能為此精闢的幽默之道，發出會心一笑。

本書精選千句最具有代表性的溫咖啡經典語錄，句句寫進你心裡，隨手一讀，一笑解百憂。日子過得就算很苦，也不怎麼回甘，至少還有溫式語錄給你幽默以對的出口，陪著你吐一口悶氣。

Work is not easy.
工作很苦

一定要學會游泳，
因為這個社會，
太容易被別人拖下水。

01

溫咖啡談職場心態

談談原創語錄8年的甘苦？

剛開店第一年我想不出語錄時，看到好笑的句子，我也曾
打在我的語錄。雖然找不到原始作者，但我不會說是自己
想的，都會說在網路看到的。當然我也有遇過被原作者質
問的一次，除了不停道歉外，從那次起我也跟我自己說：
「再怎麼不好笑，我也必須自創。」

走了 8 年多，很多絞盡腦汁的句子就被別人拿去做商業用
途，或是當作自己的東西，有時真的是很難過的。

其實也就一個句子而已，問心無愧面對自己的創作比較重
要，活得也比較踏實。

你有後悔過這個決定嗎？

從小任何選擇好像都會造就你現在的人生，相似的三岔路口，下一關是五岔路口，再下一關又是三岔路口。

記得不愛念書的我，從小選擇不停玩，考上稍微不太要念書的華岡藝校後，就業選擇電視圈的工作。在電視圈工作 6 年後，因為家人的建議，我選擇轉行餐飲業學習製作咖啡到現在。對我來說，我做了很多不同的選擇，但如果我選擇不同呢？

例如，我很愛念書、很會念書，考上了建中接台大，就業後當個律師或醫生 6 年，但因為家人的建議，我選擇了轉行餐飲業學習製作咖啡（喂～鬼打牆）。

人生很多路是自己選擇的，不管最後好或壞，自己要負責，或是有機會再選擇時，會更有經驗，但通常我們都會留給下一代（ㄟ兒子你要好好念書喔！）

到底尾牙跳舞是誰發明的文化？

辛苦了一整年，

沒年終就算了。

還要跳舞！

上班要偷懶滑手機、上臉書，上 ig

反正隨便也可能加班，

下班也要聯絡些工作的事情，

老闆或主管隨時都可能 line 你。

人生就是這樣循環，

上班做下班的事，

下班做上班的事，

一天夠用就好。

成功的人你會看到謙虛
不成功的人你會看到牽拖

2015/7/7

人可以略懂略懂
但不要不懂裝懂

2016/3/18

小時候的假日　想出門看看天空
長大後的假日　只想躲在家放空

2018/1/14

時間就跟乳溝一樣
硬擠出來
對大家都沒好處

2019/5/24

很愛演的人
有時候就是很礙眼

2019/6/3

人生就跟香菜一樣
什麼都沒做
也會被別人討厭

2019/12/5

如果這個世界
都只能說實話
大家都會很難看

2021/8/26

只要比別人努力
你的肝
就有機會比別人還硬

2022/7/3

長大就是聽得出來
哪句是真心話　哪句是客套話

2022/8/28

一步一腳印
越走肝越硬

2022/9/16

有抽到獎　才叫尾牙
沒抽到獎　那叫聚餐

2017/1/9

尾牙吐的不是酒
吐的都是一整年的辛酸

2021/2/8

尾牙最怕　沒年終
沒抽到獎
還要跳舞給老闆看

2022/1/6

行行出狀元
但你的年終是 0 元

2022/1/20

天黑請閉眼
沒年終請翻白眼

2022/1/27

尾牙抽到獎　今年沒白做
尾牙沒抽到獎　馬上不想做

2018/1/19

每年都有一些 尾牙沒抽到獎
還要在台上努力跳舞的人

2019/1/29

不管是不是鬼月
每天都有人在鬼話連篇

2019/8/1

尾牙　抽到大獎　就是喝
　　　沒抽到獎　就是大喝

2020/1/7

人在衰的時候
尾牙再怎麼加碼
你都抽不到

2020/1/20

以前裝病請假　老闆都不准假
現在裝咳兩下
老闆都叫我多放兩天假

2020/2/3

居家上班的好處
就是不用看到老闆跟主管的嘴臉

2020/5/5

鬧鐘響起後有兩種夢
1. 起床去完成你的夢
2. 躺著繼續做你的夢

2015/7/5

一山不容二虎
不是當胖虎　就是當巧虎

2015/10/20

我沒有很餓
請公司不要
一直畫大餅給我

2023/5/29

工欲善其事
自己要爭氣

2015/11/11

休息
是為了想清楚更適合自己的路

2015/12/7

最恐怖的夢就是
以為在上班路上
結果還在家裡床上

2015/12/25

人在江湖 就是要
你舒服 我也舒服

2015/12/28

連假 找搖擺
收假 草技擺

2016/1/4

有些事情不是永遠不懂
是到了某個年紀才懂

2016/1/9

真正厲害的人
是拿出經驗教人
不是拿出專業壓人

2016/1/27

喜歡一件事情可以去琢磨
但不要走火入魔

2016/2/2

有些事 認真就輸了
有些事 輸了才會開始認真

2016/2/19

改變從現在開始
說明天開始
通常是失敗的開始

2016/3/5

世界上有兩種人
完成夢想的人
跟只會夢跟想的人

2016/3/22

人可以做自己
但不要做到別人討厭你

2016/3/26

喜歡的事情可以很熱血
但不要做到腦充血

2016/4/11

路遙會知道你有馬力
還是你在放屁

2016/4/13

多想五分鐘　會得到更多
多睡五分鐘　會遲到更多

2016/4/27

有時無奈會 bj4
有時無奈會 eo4

2016/5/11

機會是留給準備好的人
命運是留給還沒準備好的人

2016/5/13

社會險惡
你不是扮黑臉
你就是背黑鍋

2016/5/17

做聰明決定的
不一定是聰明人
可能都是過來人

2016/5/23

我社交能力很差
絕交能力很強

2023/5/6

輸家不罵人　贏家不酸人
這就是運動家精神

2016/6/21

人如果不是靠自己
別人就會靠北你

2016/6/23

成功就是　我的未來不是夢
不成功就是　一場遊戲一場夢

2016/6/26

長大慢慢就知道，什麼是白紙黑字。

對你對我都有保障，

不是跟小時候一樣，打勾勾就好。

請大家記得，

什麼事情都要白紙黑字確認過。

不能跟現今社會一樣，

以為眼神確認過就好。

在這個社會，

誰不是腹背受敵？

臉會腫，

背會痛，

橫批：中指一根。

人生就像 iphone 一樣
無時無刻要充電

2016/7/21

大聲的人 不一定是對的
沉默的人 不一定是錯的

2016/7/22

誰人生不會 生老病死
誰上班不會 裝病裝死

2023/4/18

你又不是我家祖墳
我為什麼要
對你畢恭畢敬

2023/4/5

不怕累到像灰姑娘
只怕累到罵 x 你娘

2016/10/6

夢想這條路
八字不合也要走完

2016/10/15

跟風 可以很涼
但不代表你也可以飛很高

2016/10/25

如果可以明天退休
誰在意一例一休

2016/10/28

人緣再好都會有敵人
心胸再大
都還是會賭爛一些人

2016/11/3

早睡早起　身體好
晚睡晚起　年輕真好

2016/11/16

人生的煩惱就跟沙威瑪一樣
永遠不會變少

2016/11/28

喜歡一個人可以很多理由
賭爛一個人完全不用理由

2016/12/7

眼睛可以小　心眼不能小

2016/12/14

這年代
臉書朋友在比多的
真心朋友在比少的

2017/1/6

能力越大　~~責任越大~~
加班機會越大

2017/1/17

不怕日久見人心
就怕講兩句就玻璃心

2017/1/21

人生很多不如意 請大家
放下它 接受它
面對它 幹醮它

2017/1/22

你肚爛我 我睹爛你
其實也是一種默契

2017/2/13

當煩惱越來越多
真心朋友越來越少
我知道我已慢慢的長大

2017/2/28

好人　嘴賤
壞人　嘴甜
正常人　嘴饞

2017/3/3

遇到狒狒不要害怕
試著跟牠說
你最擅長的狒話

2023/3/24　狒狒逃出事件

做一天和尚敲一天鐘
每一天起床按掉十次鬧鐘

2017/3/9

既然不是仙
難免整天碎碎念

2017/3/21

如果自己都討厭自己
別人怎麼會喜歡你

2017/3/25

人生就是
多聽多看少說話
頂多在心裡幹醮

2022/6/20

很多事不是不能說
很多事都是不好說

2017/4/9

記憶力很好的人
記仇一定很方便

2022/7/15

有人靠臉吃飯
有人靠臉皮厚吃飯

2017/4/12

鬼月的好處就是
老闆在背後叫你時
你可以不用回頭理他

2022/8/2 鬼月語錄

不想朝九晚五
只想睡到下午

2017/4/24

美肌修得了你的臉
但修不了不要臉

2022/8/31

除了神明以外
一句話要說三次
真的讓人很火大

2017/6/6

休息是為了走更長遠的路
不休息是因為沒有其他退路

2017/7/2

早睡早起身體好
你知道我知道
但就是做不到

2022/7/6

開幕跟掃墓很像
有汗水 有淚水 有花籃
有親朋好友

2017/7/27

歲月靜好
睡飽更好

2022/7/22

你是不是像我滑著手機低頭
流著汗水 根本沒有在工作

2017/7/29

工欲善其事
沒錢難辦事

2022/8/5

寧可自己吃不飽
手機一定要充飽

2017/8/3

當一個好的颱風就是
沒有災情 但是又有假期

2022/9/4

不期待比別人好
只期待不要比別人爛就好
2017/8/4

出來混
總是會遇到比你更混的人
2017/10/3

沒有天生神力
就請好好努力
2017/10/22

失敗為成功之母
常常失敗為甘你老母
2017/10/25

加班這件事情
　　都是
老闆在說　員工在做
2017/10/31

人不要像導航一樣
只出一張嘴
2017/10/26

前人種樹　後人乘涼
前人沒種樹　後人暗林涼
2017/11/13

人生最難的
不是認識新朋友
而是告別舊朋友
2017/12/6

隨隨便便就可以吵起來
其實也是一種聊得來

2018/3/1

每天都有不想上班的理由
每天都有提早下班的理由

2017/12/12

根據英國研究顯示
禮拜一早上的床 磁力最強

2018/3/12

有些人　終日奔波苦　一刻不得閒
　　　　一生都不苦　每天都很閒

2017/12/19

我們身邊總有一個
不務正業
但又過得比你好的人

2018/3/25

陪你一起做事的是同事
陪你一起厭世的是真同事

2018/1/5

臉蛋的好壞
決定人生的成敗

2018/3/29

最恐怖的不是勞基法
是為了生活沒辦法

2018/1/11

機會總是留給
不會靠北東靠北西的人

2018/4/28

2018/5/2

朋友有兩種
1. 互相幫忙
2. 互相利用

2018/7/19

有夢最美
但也不要真的想得太美

2018/5/24

人可以當小咖
但不要當爛咖

2018/7/20

有些人　一路走來始終如一
　　　　一路走來始終醜一

2018/6/2

再忙碌的人
也要記得找時間休息
再擺爛的人
也要記得找時間努力

2018/7/25

出來走跳
不是挖洞給別人跳
就是挖洞給自己跳

2018/6/3

會幫你剝蝦的　可能是你老婆
會剝削你的　可能是你老闆

2018/8/26

唸再多書　不會做人
你只會是一隻豬

2018/7/2

天生老闆命的人，

可能一路順遂，

可能永遠在商場打不死。.

天生被老闆罵的命的人，

可能一路被罵得順遂，

可能在商場上永遠罵不死。

每天真的很多難題。

每當想轉身喘口氣休息一下時，
你老闆、你主管、你討厭的同事，
都在你背後看著你，
等罵你的機會。

人生很多難題，
轉頭又有很多背後靈。

人生就跟去西天取經一樣
身旁總會有個豬八戒

2018/9/3

這年頭 顏值高
成功的機會越高

2018/9/5

世界上最討厭的顏色
就是看別人臉色

2018/9/12

佛要金裝
人要會演又會裝

2023/3/23

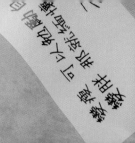

名聲就跟水果很像
一不小心就爛掉了

2018/10/3

成功的人　寫傳說
還沒成功的人　打傳說

2018/10/19

我沒有靈異體質
但還是常常遇到
鬼話連篇的人

2023/3/21

三十沒力
四十而困惑
五十剩半條命

2018/10/30

山不在高　有仙則靈
怨念很深　做什麼都不行

2018/11/5

北漂是一種選擇
北七是沒辦法選擇

2018/12/6

蹲得越低　跳得越高
氣溫越低　賴床機會越高

2018/12/13

被潑冷水
總比被潑熱水好

2019/1/4

有人天生老闆命
有人天生被老闆罵的命

2019/1/16

狗做錯事　都會裝沒事
貓做錯事　一臉就是甘我屁事

2019/1/27

企圖心要強
但得失心別太重

2019/2/13

無時無刻都能躺平
就是一種世界和平

2023/3/13

當公務員的好處
1. 鐵飯碗
2. 朝九晚五
3. 中樂透機率較大

2019/2/21

當你的才華
還撐不起你的野心的時候
就是你該去吃飯的時候

2019/2/22

我不是頭腦空空
只是常常肚子空空

2019/2/24

暴力跟努力一樣
不能解決所有事情

2019/3/3

總會有人影響你很深
總會有人讓你怨念很深

2019/3/7

長大才發現
會聽你吐心事的
只剩馬桶了

2019/3/12

有些人明明還活著
訊息卻永遠已讀不回

2019/3/21

有些人長得很討厭
但其實人都很好

2019/4/2

小時了了 大未必佳
小到大都不好
運氣欠佳

2019/4/4

我命不好
但我人很好

2019/4/16

機車的人
比騎機車的人還多

2019/4/17

總是有一些臉
你怎麼看都不順眼

2019/5/3

ㄍㄢˋ　這個字
真的很百搭耶

2019/5/6

時間跟乳溝一樣
沒有就是沒有

2019/5/20

我這個人很簡單
複雜的事不想做

2019/6/17

裝笨
其實是一件聰明事情

2019/7/23

如果假好請
誰願意裝病啊

2023/3/7

人生很短
但工時很長

2023/7/1

天氣再熱
獅子都不會剪掉頭上的毛
因為沒人敢幫他們剪

2019/7/27

忍一時　是因為講不贏對方
退一步　是因為打不過對方

2019/7/31

忍一時　很不爽
退一步　更不爽

2019/10/25

人生總有幾個
相見恨晚的人
跟早知道就不要認識的人

2019/11/2

每天背上中的箭
多到都覺得
自己像隻刺蝟

2019/11/7

我這個人很簡單
聽到雞排加珍奶就＋1

2019/11/28

有些人就跟牛排一樣
不要太熟比較好

2019/11/29

你是否也是
上班時間做下班的事
下班時間做上班的事

2019/12/11

很多事情
都要白紙黑字確認過
不能只是眼神確認過

2019/12/16

正面給你一拳的人很多
背後給你一刀的人更多

2020/2/16

複製跟貼上永遠是
人類最好的朋友

2020/2/21

希望上班遲到
可以從扣錢
改成罰三杯就好

2023/2/27

有人天生福大命大
有人天生頭大臉大

2020/5/25

畢業後
討厭的同學會不見
討厭的同事會出現

2020/6/13

小時候爸爸說做人很重要，

會做人辦公室的同事才會喜歡你。

小時候媽媽說聊天很重要，

會聊天菜市場的三姑六婆才會喜歡你。

長大以後發現，都很重要。

總是會遇到很不會做人的，很想直接殺了他。

總是會遇到很不會聊天的 ，可不可以直接殺了我。

做人絕對是人生的課題，
聊天絕對是每天的課題。

人生太多必修課程、沒有老師、沒有教科書。
都是要靠自修。

人生必修課程
遇到討厭的人
還是要笑臉迎人

2020/6/15

有種人很討厭
他可以開你玩笑
但你不能開他玩笑

2020/7/5

補班補得到我的人
但補不到我的心

2023/2/18

小時候希望有個好學位
長大後只希望有個好車位

2020/7/24

有些公司
要的不是社會新鮮人
是一顆新鮮的肝

2020/8/6

凡事以和為貴
尤其是
對方有你把柄的時候

2020/8/17

夢想跟味噌湯一樣
時間久了
就會開始分層

2020/8/31

約翰走路 15 年
腿都不會痠嗎？

2020/9/10

寶特瓶瓶蓋教會我們
遇到任何困難的事情
都要再接再厲

2020/9/12

星期一
真的很難廣結善緣耶

2020/9/14

人生無常
你永遠不會知道
中午要吃什麼

2020/9/22

世界上還有很多
不開心的事情
等著你去做

2020/9/30

一心一意
都不一定會成功
何況三心二意

2020/10/5

每天都後悔前一天晚睡
但隔天還是不會早睡

2020/10/6

上班很痛苦時
下班記得跟自己說聲
不痛了 不痛了

2020/10/7

人生吞下去的委屈
不會比你
吞下的雞排還少

2020/10/26

長越大朋友越少
走的走
看穿的看穿

2020/11/16

我們身邊都有幾個
比金馬演員還會演的人

2020/11/25

你敬我一尺
我敬你姨丈

2020/12/3

每個聊天群組　都有一個
永遠不回話的人

2020/12/8

小時候想要霸氣外露
長大後只有鼻毛外露

2020/12/16

討厭的人　你會想扎他小人
更討厭的人　你會想扎他本人

2020/12/26

一言不合　就退群組
一個不爽　也退群組

2021/1/3

夜路走多的人
白天腿一定都很痠

2021/1/23

小朋友才在補班日
大人早就先請好假了

2021/2/20

出社會就是要把
強顏歡笑的技能點滿

2022/9/13

不要太嫌棄你的工作
大部分
都是你親自去找的

2022/12/21

總有人講話很謙虛
但臉不謙虛

2022/9/25

連假就跟薪水一樣
咻一下就沒了

2021/3/1

上班時　做牛做馬
下班時　只想做一隻豬

2022/9/27

有些人就跟暖暖包一樣
只會蹭熱度

2021/3/8

正義總會遲到
但月底不會遲到

2022/9/30

這個世界 不是你努力
就可以不用加班的

2021/3/12

人因夢想而偉大
因上班而火大

2022/11/2

說到賴床
大家都是專家

2021/3/23

人生兩大難題
1. 睡不著 2. 起不來

2022/11/4

我常常貼圖傳笑臉
其實內心在翻白眼

2021/3/28

你有事業運
真正的意思是
你很適合一直工作

2023/2/1

生命不可或缺的元素有
陽光 空氣 水 雞排 珍奶

2021/4/9

我很會熬夜
但我並不適合加班

2023/1/17

小朋友才在靠自己
大人都是靠關係

2021/4/26

我比別人更堅持　在吃
我比別人更努力　在睡

2021/5/8

製造問題的人
永遠比
解決事情的人還多

2021/6/10

可以規定自己幾點睡覺
但無法設定自己幾點睡著

2021/6/21

小朋友才在講人權
大人都是在跟你講特權

2021/6/24

通常撕破臉
就很難再把臉黏回去

2021/6/26

總是有人的臉皮
比菲力牛排還厚

2021/7/19

總是要學會
臉上對你笑笑的
心裡對你說他馬的

2021/7/21

一個人的品德
跟火鍋的鍋底一樣
非常的重要

2021/9/28

約吃飯　大家都會遲到
請吃飯　大家都會準時到

2021/7/22

一年當中
總有六個月在水逆
另外六個月在犯太歲

2021/10/2

有些人表面是按你讚
心裡可能是罵你幹

2021/7/24

尾牙是吃去年的辛苦
春酒是吃
你今年要準備吃的苦

2021/2/25　尾牙語錄

很熱的時候
試著說一些風涼話

2021/8/29

人生就像萬聖節
身邊總是一堆　妖魔鬼怪

2021/10/31

離職吧
老闆永遠不會
為了你而改變

2021/8/30

大家都很陰險
好險我也很狡猾

2022/11/17

上帝說
當有人打你右臉的時候
其實你可以告他傷害

2019/5/31

我又不是孔融
不是每件事情都要讓你

2021/10/12

你又不是水餃
不要做每件事情
都在沾醬油

2021/10/28

舉頭望明月
年終 0 個月

2023/1/16

當你長得雞歪時
就是要
比別人更謙虛

2021/10/3

希望每件事情
都可以跟身材一樣圓融

2021/10/17

如果你還能被利用
你就不是完全沒用

2021/10/6

在這個社會
你不是要很會演
就是要很會裝

2021/10/18

大家都知道什麼是打臉吧？

嚴格來說就是搧巴掌。

只是不是用手，是用言語或文字。

手如果是武力版，

言語跟文字就是文明版。

反正都是要讓你丟臉，讓你臉痛或臉腫。

但如果遇到不要臉的人，你怎麼打他臉都沒有用。

我們這種咖啡小店很辛苦，

不過不管怎樣天塌下來我都會撐著。

其實這就是個幹話，

很多老闆或主管都會用，

而且很好用。

「天塌下來我會撐著，

天沒塌下來，

那你先撐著。」

記住這個幹話，

反正就是撐著。

心直口快　跟　講話雞掰
其實是兩件事

2021/12/5

早睡　總是不甘心
早起　總是不甘願

2021/12/11

火鍋有沒有料　稍微翻一下就知道
一個人有沒有料　稍微聊一下就知道

2021/11/19

世界上太多
外表是個大人
但內心是個小人

2021/11/23

上班已經很辛苦
尾牙卻還要跳舞

2023/1/11

你以為
命運是看你的手相
其實只要看你的長相

2021/12/17

人心這種東西
是葉黃素吃太多
也看不清的

2022/1/19

一定要學會游泳
因為這個社會
太容易被別人拖下水

2022/1/26

機會是留給
長得比較可愛的人

2022/2/9

古代人　都會功夫
現代人　都會表面功夫

2022/2/10

任何提神飲料
都不會比兩巴掌
更有效率

2022/3/6

希望所有的委屈
都能化作甜點
再吞下去

2022/3/17

我不是憤世忌俗
我只是
看到你就不舒服

2022/2/24

會幫你的人　就是會幫你
會婊你的人　永遠會婊你

2022/2/25

小朋友才照規則走
大人都照潛規則走

2022/2/21

成功的兩條捷徑
1. 走後門 2. 被走後門

2022/12/4

追劇 8 小時　神清氣爽
上班 8 小時　超級不爽

2022/3/20

玩笑
還是盡量開自己的

2022/3/29

小時候學著說話
長大後學著好好說話

2022/4/5

梗就跟香蕉一樣
最怕爛掉

2022/4/9

中元一定要普渡
做人一定要有態度

2015/9/7

不管明天
是藍天綠地還是親大地
每天還是要為生活努力

2016/1/15　2016 總統大選前一天

每個人小時候　都有把水鴛鴦插在
不該插的地方過

2019/2/5　過年語錄

平常要做牛做馬
萬聖節還要扮妖魔鬼怪
人生好累

2022/10/29

說謊的人要吞 1000 根針
說幹話的人要吞 2000 根針

2017/6/1

很多人　為了現實低頭
很多人　為了雙下巴低頭

2018/4/22

我不只諸事不順
我可能比豬還不順

2022/4/11

你不會知道
從菜鳥到老鳥之間
你的鳥受了多少委屈

2022/4/14

人生的演算法就是
同事很會演
老闆很會算

2022/4/16

大家都不太想聽客套話
但又不太敢聽真心話

2022/4/17

你以為忠言逆耳
其實你不想聽的都逆耳

2022/4/18

長相難看就算了
吃相還難看就討厭了

2022/6/8

To be rich is not easy.

荷包很苦

四大皆空，
肯定是在說：
口袋、皮夾、戶頭、存款。

02

荷包很苦：溫咖啡談錢關難過

你的語錄類型裡面有一部分是關於金錢，可否談談這部分的個人感觸？

我們都知道人無法完美無缺，還是有一些自己的缺點，或是自己不喜歡的地方，只能不斷改善。但先不管完美無缺了，有什麼是長大一路走來一直都很缺的呢？

有了工作缺了時間、有了時間缺了夢想、有了愛情缺了朋友、有了朋友缺了愛情、缺了東缺了西、也總是缺了錢。

如果⋯⋯完美無缺是青春，那⋯⋯什麼都很缺是人生。

如果問我想把這本書送給哪個族群，我會說，想送給上班族，因為這群人對這類型的語錄，一定感觸最深。你可能沒有辦法買房子或是生孩子，因為我（你）就是生在這個

世代，我們就是會有這些困擾（當然身材也是一個很大的困擾啦！）

你自己因為現實（金錢）而經歷到的困難是？

一開始只是為了開店而去咖啡店工作，以為學習 3 個月就可以出去開店，但慢慢發現這是條艱辛的路。5 年後才有勇氣開了一間小的店面，咖啡真的不是一個鍵按下去，就可以好喝跟賺錢的事情。

一開始，找到建國北路這間小店時，也不知道可以走多遠走多久，只 os 告訴自己，晚上兼差開 uber 或去其他咖啡館打工也要走下去。

過了幾年，確定要離開創始店，找店面到簽約，到後來的新溫咖啡裝潢，出現的問題真的很多很多，多到很多事情跟很多陰，都卡在一起了，你大喊退駕也沒用。對於做咖啡的人來說，有一間屬於自己的咖啡店就是最大的夢想，這條路八字不合也要走下去。

走到樂透店，

看好你喜歡的刮刮樂款式，

挑選你喜歡的號碼，

拿出你的現金給老闆，

再拿出你幸運的硬幣，

心中默念魔咒，

開始刮。

在這短短一分鐘裡你的心情會非常喜悅非常興奮。

再一分鐘後你的心情就會盪到谷底。

包牌時都告訴自己，

隔天就可以不用上班，

雖然開獎後還是必須乖乖上班，

但就是買個夢想。

其實每次獎金飆高去買的同時，

都會開始幻想，中了以後要幹嘛？

這可能是買彩券最興奮的時候。

要不要繼續上班啊？

要不要跟好朋友或家人說啊？

要做多少好事啊？（平常好事做太少）

要把想買的東西也都幻想一次。

人生嘛，

就是幻想的時候最開心。

吃素是一種選擇
吃土是沒辦法選擇

2017/9/4

比公園第一排
更好的地方
就是直接睡公園

2020/12/6

別人都有黑頭賓士
我只有黑頭粉刺

2020/12/12

不要再相信
鼠年數錢會鼠不完
這種沒有根據的說法

2020/1/26

刮刮樂就是
再高的中獎率
刮完還是不滿意

2016/2/8

贏錢就是台灣之光
輸錢就是眼泛淚光

2016/2/12

運氣跟存款一樣
若有似無

2021/1/11　告五人合作

刮刮樂
通常越刮越不快樂

2021/2/19　過年語錄

我用一生一世的心
換你六位數的聘金

2023/6/11

別人含著金湯匙出生
我含著淚過一生

2023/7/12

1111 最恐怖的
不是單身
是你沒錢購物又單身

2019/11/11

現實總是殘酷的
現金更是殘酷的

2015/6/19

最快速的紓困方案
就是叫你朋友請你吃飯

2020/5/12

聖誕老人你好
我除了缺錢以外
什麼都不缺

2019/12/25

沒錢購物時
1111 對你來說
就只是日期而已

2020/11/11

有人一生努力住進帝寶
有人一生只求一份溫飽

2015/6/14

今天要繳房租
大家快來喝咖啡
一人喝一杯救救溫咖啡

2015/6/18　開店第一次繳房租

我想要的紓困方案是
給我很多錢
給我很多房子

2020/4/22

只要不要提到錢
房東人其實都滿好的

2015/7/18

當女生跟你要一克拉的時候
就是男生準備吃來一客的時候

2015/9/22

不怕有結婚的打算
就怕沒結婚的預算

2015/12/17

談錢　傷感情
談感情　傷錢

2016/1/20

書到用時方恨少
錢要用時永遠少

2016/3/12

大部分討厭的生活
都是因為在討生活

2016/3/21

山不在高 有仙則靈
口袋要深 有錢則靈

2016/3/2

人生永遠
車子選好 房子看好
就是錢還沒準備好

2016/8/25

人生難題多
誰無父母
誰不會靠北靠母

2016/11/14

謝師宴　吃的是感謝
還有花光剩下的班費

2016/6/19

出來混遲早要還的
而且利率都不低

2016/12/13

錢不是萬能的
但沒錢
靠北兩句都不能

2016/12/18

再多的錢在你眼前
都不會有密集恐懼症
人類真奇妙

2016/12/20

日幣再怎麼跌
我都不會買
因為我根本沒台幣

2016/12/23

常常懷疑到底是東西貴
還是自己買不起而已

2017/1/11

有時候　眼睛一閉
深呼吸　卡刷下去
什麼事情都會過去

2017/1/19

愛情不是 1+1=2
是 0.5+0.5
除以對方的父母

2017/2/21

錢能解決的都是小事
錢不能解決的
可能是你的錢不夠

2017/3/23

戶頭不夠深
面目可憎

2017/5/4

再多的錢也買不到健康
再多的朋友也可能被衝康

2017/5/10

刷卡可以累積紅利點數
還可以降一些血壓指數
2017/6/20

多賣一個奧客
不會讓你變有錢
少賣一個奧客
可以讓你多活幾年
2017/5/27

沒錢可以過得很平凡
也可能會過得很麻煩
2017/9/26

真正窮的人　　不抖腳也很窮
真正賤的人　　不抖腳也很賤
2017/8/18

每逢佳節
跟快沒錢時倍思親
2017/10/4

人生兩大難題
要別人借錢給你
要別人還錢給你
2017/10/15

戶頭好像永遠對著你笑
笑著你心裡發寒
2017/10/16

刷卡當時不手軟
帳單來時會腿軟

2018/5/12

有錢人跟你
想的 吃的 用的 喝的 玩的
全部不一樣

2018/5/28

台灣最不美的風景
就是手頭很緊

2018/6/10

打開你的戶頭
涼到你的心頭

2018/6/11

情和義值千金
沒情沒義
一定是你沒現金

2018/6/23

靠賭要發財的人很少
靠賭進棺材的人很多

2018/7/4

我輕輕的走　正如我輕輕的來
我揮一揮衣袖
沒贏過一張運彩

2018/7/15　世足賽語錄

有錢的人不討厭
炫富的人才討厭

2018/7/18

如果可以睡前數錢
我才不會在那邊數羊

2023/4/13

我不確定有沒有缺蛋
我只確定我很缺錢

2023/2/22

肩頸再怎麼緊
都沒有比手頭緊

2023/4/10

投資理財有賺有賠
紅包給媽媽保管
有去無回

2023/1/27

人生不就是這樣，
東喬喬、西喬喬、
那邊喬一下、
這邊喬一下。

只要有錢，
大部分的事情，
都嘛是可以喬。

不信你問有錢人。

我們常常就是房子看好、車子選好、

但錢還沒準備好。

現在我也要把這句話傳給五年後的我，

然後打開還是發現，五年後錢還是沒準備好。

喂！

小時候希望能完美無缺
長大後發現什麼都很缺

2018/7/24

在窮的時候
泡麵永遠是
你最好的朋友

2018/8/27

溫室裡沒有燦爛的花
厭世的你
是因為沒有錢花

2018/10/25

節儉是一種美德
沒辦法節儉
那就當作功德

2018/10/31

快快樂樂出門
把錢花光就會回家

2018/11/13

沒有幾張小朋友
在外很難交朋友

2018/11/16

每個人
小時候都偷過父母錢
每個父母
都騙過要幫小孩存紅包錢

2018/12/22

花若盛開　蝴蝶會來
皮夾打開　悲從中來

2018/12/25

別人刮刮樂　都有 ccc 的聲音
自己刮刮樂　只有撕掉的聲音

2019/2/7　過年語錄

沒有幾張小朋友
別人都會當你是小朋友

2019/3/11

請用藝術的眼光
來看待你戶頭的數字

2019/5/13

薪水就跟月經一樣
千萬不能停經啊

2019/5/21

希望樂透的紙可以柔軟一點
沒中時
可以擦擦眼淚
可以擤擤鼻涕

2021/8/24

沒錢人的好處
就是
不怕被詐騙

2019/4/25

只要有錢
大部分的事情都可以喬

2019/8/6

只要談到錢
再熟的人
都有可能變不熟的人

2020/1/5

睡到中午的好處
就是可以省早餐錢

2020/1/17

我可以很久不和你聯絡
因為欠你的錢沒有還過

2020/2/24

買房子不要有房貸壓力
唯一方式
就是一次付清

2020/5/19

一天存一萬
27 年又 5 個月後
你就有一億了

2020/5/27

好的開始　是成功的一半
老爸有錢　是成功的另一半

2020/6/16

月初找你吃飯的是朋友
月底請你吃飯的是真朋友

2020/10/31

小朋友跟沒錢的人
才做選擇

2020/7/4

我只是吃得比較多
不代表我財富自由

2021/5/11

有錢到靠腰
才不用為了
五斗米折腰

2020/7/19

溫咖啡

不要跟我談買房
我連健身房都沒錢去

2020/11/18

月初吃好料
月底吃飼料

2020/12/7

總有人把保險
當福袋在買

2021/1/26

溫咖啡

別人的 ps5 都是開箱文
我的 ps5 都是分享文

2020/11/23

特斯拉的股價
飆得比阿斯拉還快

2021/1/9

貧窮限制了我的想像
也限制了我的長相

2021/1/20

手機有電　很開心
手上有台積電　更開心

2021/1/22

貧窮限制我的想像
也讓我少了很多對象

2021/3/21

夾娃娃機總是告訴你
有錢
命運才會掌握在自己手上

2021/4/11

缺水時　希望可以飄一點雨下來
缺錢時　希望可以飄一些錢下來

2021/4/20

你終究要清空
你的購物車
那為什麼不一開始就清空

2020/11/7

初五迎財神
尤其是
初一到初四都在輸的人

2023/1/26

2000 元的刮刮樂
刮到 0 元
真的很過分

2023/1/22

對完樂透的時候
就是老天爺
叫你好好工作的時候

2021/8/17

小朋友才在擔心月底
大人都是
從月初擔心到月底

2021/8/11

利益就像一根冰棒
你不舔它
很快就會融化了

2019/7/12

錢可以處理的都是小事
難怪我
常常連小事都處理不好

2021/8/20

錢買不到快樂
但除了快樂
其他都買得到

2021/8/28

這年頭會打電話給你的
不是銀行就是詐騙集團

2021/9/16

我不是印度神童
但我預言
我這幾年都會很窮

2021/9/26

如果你真的要坑人
麻煩請坑有錢人

2021/11/1

小朋友才在求好運
大人都在等免運

2021/11/10

想跟有錢的人共同富裕
但都只有
跟沒錢人是共同朋友

2021/11/22

有錢人的花錢
比你燒紙錢還快

2021/12/3

你家很有錢
勝讀十年書

2021/12/12

不要太期待年終
你不是海運
也沒那麼好運

2023/1/3

不會讓你覺得噁心的疊字
就只有錢錢了

2022/1/11

贏錢大家會叫你吃紅
輸錢卻沒人陪你吃土

2022/12/19

刮刮樂都不會中的人
你肯定是天選衰人

2023/1/23

比富士山更美麗的
就是有個富爸爸當靠山

2023/7/4

錢不是萬能的
但沒錢真是他馬的

2022/11/22

在家靠父母
出外靠一千元上面
那幾位小朋友

2023/6/19

厭世浮生，

這是你給沒錢的評語。

根本不笑，

說盡了我很生氣。

風吹過來，

吹起了我白眼跟衣領。

也吹走了，

我的悲觀相信。

要不是因為窮，

我根本不想起床。

要不是因為窮，

我根本不會對老闆笑。

要不是因為窮，

我根本不會厭世。

色即是空　戶頭也空

2022/1/24

萬事俱備
只欠東風跟錢錢了

2022/1/25

錢買不到快樂
但有錢
就能一直吃喝跟玩樂

2022/3/13

書中自有顏如玉
錢多就有很多顏如玉

2022/3/22

贏錢的永遠是組頭
輸錢的永遠是豬頭

2018/7/16　世足賽語錄

萬聖節的裝扮
絕對沒有自己的戶頭可怕

2022/10/30

與其聽到520
我更希望戶頭能多幾個0

2022/5/20　520語錄

床前明月光
薪水也月光

2022/5/23

這世界有兩種愛情
1. 我養你 2. 我包養你

2022/5/24

好酒沉甕底
好窮在月底

2022/6/28

數學其實不難
不信你問
精打細算的朋友

2022/6/30

生活安逸　就是福
生活富裕　就是爽

2023/4/25

欠錢的人
都會一點點魔術
例如人間蒸發

2022/7/25

你問我愛你有多深
那先看你的口袋深不深

2022/7/26

完了 完了 完了 又到月底了
真的月底了 真的完蛋了

2022/7/29

希望能遇到包容我的人
或是能包養我的人

2022/8/7

單身跟月老沒關係
跟你月光有關係

2022/8/15

你有錢就美女與野獸
你沒錢就癩蛤蟆想吃天鵝肉

2022/8/19

能用金錢解決的事情
就盡量不要用肉體解決

2022/8/25

別口口聲聲說愛我
請口袋很深再愛我

2022/8/26

道歉不一定有用
但道歉加一點點錢錢
可能有用

2022/9/7

如果註定會遇到渣男
那也希望是有錢的渣男

2022/9/14

四大皆空
肯定是在說
口袋 皮夾 戶頭 存款

2022/9/20

存款總是告訴你
生活一定要過得簡單

2022/10/1

當股票開高走低
血壓就會開低走高

2022/10/13

什麼故事總是聽不膩
1. 鬼故事 2. 台彩中獎的故事

2021/2/5

你我皆凡人
有錢的都是別人

2022/11/14

一白遮三醜
有錢遮十醜

2023/4/27

我不會算命
但大部分的人
一定都命中缺金

2021/10/22

不管我是不是客家人
我都沒半點錢

2021/10/20　溫老闆是客家人 & 客家創意比賽作品

想要財富自由
但都只有小腹很油

2021/10/19

如果你沒比別人有錢
那就請比別人努力

2022/11/25

Love life is not easy.

愛情很苦

只要能睡得好，
跟誰睡已經不重要。

03

愛情很苦：溫咖啡談情場不易

在你常寫的語錄類型裡面，有一部分是關於兩性與愛情，原因是？

因為就經營粉絲專頁的角度來看，這是最容易引起迴響的主題之一。溫咖啡一開始經營時，其實在每一則語錄的背後，我會分享一些稍長的文章或小故事，但後來發現好像沒有太多人在看這些文章，漸漸就都轉以語錄為主了。

可否分享幾則跟兩性有關的其他書寫與生活觀察？

這是一對情侶朋友的故事，大家也都是這樣嗎？

想太多的人，有時候會不快樂，但有時想的事情發生了，刺激會沒那麼大。想太少的人，有時候比較快樂，但有事情發生後，不知所措會一棒重擊你。很多女生容易想太多，聽說男生都很怕；很多男生容易想太少，甚至根本沒在想（XDD），聽說女生會很氣。

想太多的人，總是覺得想太少的人想太少。

想太少的人，總是覺得想太多的人想太多。

這類語錄主要是為哪一族群而寫？

我寫的兩性語錄，有時候是使用「她」當開頭，有時候不是，因為我想盡量可以男女全部適用。例如這樣：

「只要對方喜歡你，你的行為或是你為她做的都會是貼心；只要對方不喜歡你，你的行為或是你為她做的只會是噁心的。」

貼心跟噁心，就在於你有沒有喜歡對方而已。有時候你的行為一樣，但面對不同人就會得到不同反應。人生就是那麼起起伏伏，永遠都是很多的難題，但如果可以，我永遠都希望大家幸福。

感情就像一杯咖啡一樣，陪著你喝的人最重要。

很多愛情是這樣，

我跟他快要結束了……
我跟他差不多要結束了……
我跟他幾乎已經結束了……

但過了半年還是看著他們牽著手。

很多事情在還沒完全結束前，
都不算結束。

我有個朋友跟我說，

他女友要去百貨公司週年慶，

每年隨便都可以刷個五到十萬。

他：女人的錢最好賺

我：真的

他：刷完也是我在繳

我：真的

他：男人的錢最好騙

我：真的

純屬虛構，如有雷同，就是人生。

不管在世界任何角落，

愛跟錢真的很重要。

嫁人不可貌相
一定要善良

2016/2/26

不要把你不好的性格
都推給你的星座

2020/6/18

每個星座
都有它的優點
跟雞掰的地方

2021/4/16

跨年有人陪是看煙火
沒人陪 那叫鞭炮

2016/12/31

祝大家牛年
都可以健壯如牛
尤其是在床上的時候

2021/2/11

酒杯跟男人的小鳥一樣
該舉起來的時候
就要舉起來

2021/2/28　董事長樂團合作語錄

國家警報跟女朋友一樣
有的人有　有的人沒有

2021/4/19

牛郎一定有車有房
織女才會
跟他在一起的

2021/8/14

沒有烤肉的中秋節
就像是
沒有另外一半的情人節

2021/9/20

求婚不再是女生的事了
點頭不再是男生的事了

2019/5/17　同婚法三讀通過

跨年
不是你跨在我身上
就是我跨在你身上

2019/12/31

大雄和靜香　像極了愛情
胖虎跟小夫　超越了愛情

2020/8/12　胖虎小夫基友動畫

不管在歐洲結婚
還是在蘆洲迎娶
愛對了人才是最重要的

2015/6/15

牽了手就不要說放手
不管是情人還是小狗

2015/7/9

媽媽　女友　iphone
如果同時掉進水中
你會先救誰

2015/8/3

女生要的是男生有肩膀
而不是綑綁

2015/9/8

女生要的是男生有擔當
而不是褲襠

2015/9/9

情人合不合不重要
有沒有去磨合才重要

2015/9/19

不管有沒有公主命
千萬不要有公主病

2015/10/22

愛就是要一輩子
愛不能是 by case

2016/1/29

女人怕男人　心不定
男人怕女人　陰晴不定

2016/1/18

自古紅顏多薄命
現在紅顏都好命

2016/2/18

好男人
跟日本的壓縮機一樣
非常得稀少

2022/11/7

爸爸是女兒上輩子的情人
媽媽是兒子這輩子的媒人

2016/5/25

每一個人的長處不一樣
長的地方也不一樣

2022/11/10

愛對了人就像在吃馬卡龍
愛錯了人就像在吃保麗龍

2016/2/29

男人的悲哀
你年輕就是鮮肉
你老了就是息肉

2016/4/30

不怕神一樣的對手
就怕快要生氣的女友

2016/4/9

好漢不提當年勇
何況當年沒多勇

2022/11/13

最怕空氣突然安靜
更怕女友突然安靜

2016/4/26

要抓住男人的心
請先抓住他的胃
或是抓住他的鳥

2022/11/20

不怕拜月老
就怕自己先變老

2016/5/28

最怕的不是英雄內戰
是跟另一半冷戰

2016/5/6

愛情是自己的幸福
不是聽家人的習俗

2016/6/11

成功男人的背後
總會有一個
睜一隻眼閉一隻眼的女人

2016/5/10

女人有時不信緣分
但你要追得夠勤奮

2016/7/10

男女看對了眼
你是她的宋仲基
她是你的野結衣

2016/5/21

什麼是穩定交往
比上一任穩定
就是穩定

2016/7/15

有情人終成眷屬
沒情人過街老鼠

2016/8/9

有情人終成眷屬
沒情人左手滑鼠

2016/9/23

會煮飯的女生得分
會幫女生把剩飯吃完的男生
也得分

2016/9/29

女人怕男人　下半身思考
男生怕女人　完全不思考

2016/11/8

愛情如果只能
異性相吸　同性相斥
那我們跟磁鐵有什麼兩樣

2016/11/24

女兒是爸爸上輩子的情人
她的男友
是爸爸這輩子的敵人

2016/11/26

你開心就好
這句話聽到
格外不開心

2016/12/17

思念是一種病
而且都不太容易痊癒

2017/1/4

愛情最難的地方
不是說我愛你
而是說對不起

2017/3/2

當一個女生一直看著你
不是看你帥
就是看你不爽

2017/3/20

愛對了 給他戒指
愛錯了 比他中指

2017/4/14

格局跟老二很像
千萬不能太小
2018/11/27

不管你愛得多瘋狂
都不要當個控制狂
2018/5/10

欠情人 會寂寞
欠人情 會難過
2015/12/10

人正 花蕊
人醜 巴蕊
2019/4/29

真正愛你的女生
不會在意你的髮際線
真正愛你的男生
不會在意你素顏那一面

2017/4/28

同性婚姻的一小步
是愛情的一大步

2017/5/24 同婚法釋憲通過

女人追的永遠是韓劇
男人愛的永遠是日劇

2017/5/25

拜月老
是要找一個對象
拜財神
可能會找到一批對象

2023/1/19

愛情就是
一下在戲水鴛鴦
一下在嘴裡塞水鴛鴦

2017/6/22

單身時被罵單身狗
戀愛時被罵馬子狗
當狗好累

2017/7/3

「愛上了一個人」跟「愛對了一個人」其實是兩件事，
如果這兩件事同時發生，俗話說就是真愛。

愛上了一個人，可能你就是愛上了，
對方沒那麼愛你，你也會等對方或窮追不捨，

甚至不小心當了第三者。

愛對了一個人，你可能或許不是最愛他，

但對方把你當成生命最重要的人，

照顧著你，

或是至少適合你，

讓他在你身邊你就很安心。

你一生愛上過幾個人？

你一生錯過幾個愛對的人？

希望大家都遇上兩件事同時發生的人。

情侶在一起
是要互相照顧彼此
不是互相伺候彼此
2017/7/5

夢想就跟夢遺很像
長越大越會消失
2017/12/15

有人背影是殺手
正面嚇到吃手手
2018/4/21

小時候期望
有人陪我看夕陽
長大後希望
有人推我去曬太陽

2017/7/18

開跑車的男生　不一定是帥哥
坐跑車的女生　大部份是美女

2017/9/8

有人緣的男生　沒錢也會有人緣
有人緣的女生　沒胸也會有人緣

2017/9/29

世上沒有怕老婆的人
只有怕被老婆靠北的人

2017/10/5

嫁對人　少奮鬥30年
嫁錯人　不想活那麼多年

2018/1/12

有些事情　六根清淨才會了解
有些事情　六根不清淨才會明白

2018/5/3

不哭不哭眼淚是珍珠
一直哭一直哭
臉會腫得像豬

2018/5/9

真正愛你的人
不會怕你胖
只會怕你餓

2017/4/30

左手只是輔助
右手是我的賢內助

2023/6/14

男人永遠無法了解現任女友
但卻永遠很了解前女友

2018/6/7

單身不是紋身
不要擔心會是一輩子

2018/6/9

女人不一定要賢慧
但不要什麼都不會
男人不一定要有錢
但不要真的很沒錢

2018/6/19

她喜歡你　　你的行為就是貼心
她不喜歡你　　你的行為就是噁心

2018/7/17

當你發脾氣的時候
就是你智商降低的時候

2018/7/28

歲月靜好
別睡錯人才好

2023/6/2

他喜歡你
你的行為就是羅曼帝克
他不喜歡你
你的行為就是花惹法克

2018/9/18

不管你長得如何
美肌開到底就對了

2018/9/20

性格跟性功能一樣
一旦不好
都會被翻白眼

2018/12/2

這年頭會買新手機給你的
不是真正愛你
就是真的有錢

2018/9/29

會陪你睡一輩子的
希望是對的人
也希望是對的床墊

2022/11/24 大S床墊新聞

真愛就跟魔神仔一樣
不是說遇到就會遇到

2017/4/19

不管老公今晚能幾下
最後希望可以
傷停補時一下

2022/11/29 世足新聞語錄

別人五子登科
你什麼都沒有ㄎㄎ

2018/12/17

會讓妳深愛的是歐爸
會深愛你的是你阿爸

2019/2/14

緣分就跟蚊子很像
你不一定看得到它
也不一定抓得住它

2018/12/26

看足球比看 A 片
還更容易說出
射了 射了

2022/11/30 世足新聞語錄

愛要耐心等待
仔細尋找
有沒有錢很重要

2019/1/3

女人總是謊報體重
男人總是謊報身高

2018/2/26

看到喜歡的人會瞳孔放大
看到討厭的人會鼻孔放大

2019/3/2

長得再怎麼安全
出門還是要注意安全

2019/2/15

Q：做愛做的事算是運動嗎？
A：超過五分鐘才算運動

2019/3/17

爛好人　總是沒有女朋友
大爛人　總是很多女朋友

2019/2/19

情和義　值千金
沒情沒義
一定是沒雞雞

2019/3/20

抓不住的愛情叫流沙
抓太緊的愛情像刮痧

2017/5/11

男生暴雷沒雞雞
女生暴雷
永遠得不到雞雞

2019/4/26

愛情很簡單
妳是風兒我是沙
是你貓兒我是貓矽

2017/5/12

初二回娘家
一起抱怨夫家

2023/1/23

真正省電的人
連對別人放電都不會

2023/6/1

就算婚姻是愛情的墳墓
埋的也會是你愛過的人

2019/5/18

男人跟泡麵一樣
軟掉就不好吃了

2019/6/6

女生有一兩個在追　很正常
男生一次追一兩個　也不奇怪

2019/6/28

假帳號跟充氣娃娃一樣
去洪幹拉

2019/6/29

總是有些臉
你怎麼看都不順眼

2019/7/1

美女跟大便的身邊
都有蒼蠅在圍繞

2019/7/5

感情跟血壓很像
都希望是穩定的

2019/7/21

男人不壞　女人不愛
長得醜的例外

2019/7/29

男人千萬不能
英年早洩啊
2020/12/29

姻緣一輩子只有一個
孽緣一輩子有好幾個
2019/11/16

整天在翻舊帳的人
你家帳本一定很多
2019/12/7

乳溝
永遠不會退流行
2020/5/21

喜歡一個人
可能會臉紅紅的
可能會膝蓋紅紅的

2019/12/27

男人都希望在床上時
能跟國家機器一樣
動得很厲害

2019/11/15

看到喜歡的人　補個妝
看到討厭的人　補個幹

2020/5/9

同性婚姻不會滅絕子孫
你翹不起來才會

2020/1/16

男生都知道
夏天騎車
跟烤鳥蛋是一樣的

2020/6/19

取某前會旺
生子後會旺
其他的時間都是衰的

2020/6/2

很多情人分手時，

都會一把眼淚一把鼻涕跟對方說：

我希望你之後可以過得好，

或是我希望你以後要過得開心。

分手後對方交新的對象，

然後很幸福 po 戀愛文啊或是幸福文啊，

心裡又會 os：

好啊！好啊！現在是真的過很好是不是！

人類就是一個奇妙的動物，

一個愛情天使跟愛情魔鬼的拉扯。

不管是姻緣還是孽緣，

總是可能繞一大圈，

或胖了兩三圈，

還是會回到你身邊喔。

我不是一文不值
我只是沒有額值

2020/11/6

心房跟蛤蜊一樣
熟了才會打開

2020/11/14

相愛容易　變胖
相處難　變瘦

2020/10/8

跟討厭的人相處半天
能讓我心情不好一整天

2020/8/16

到某個年紀才會發現
除了肝
沒有一個地方是硬的

2020/9/27

小時候都以為
以身相許
就可以解決事情

2020/10/13

一言不合　就負評
一個眼神不對　也負評

2020/10/19

有些人就跟廣告一樣
能略過就略過

2020/11/2

個性不合　那就少見面
八字不合　那就少來往

2020/6/22

三分天註定
七分看　你長相而決定

2020/8/21

如果可以不用努力
不要說阿姨啦
就算是姨丈也可以啦

2020/11/30

要當個爸爸
可能是抖個兩下子
要當個好爸爸
可是要付出一輩子

2020/12/5

一個人的內在
就跟火鍋的湯頭一樣重要

2020/12/9

祝大家情人節
都能像
可樂碰上曼陀珠一樣

2023/2/14

腰受傷的人
所有關於要靠腰的事情
都不太能做

2020/12/21

你喜歡的人關心你　叫關心
你不喜歡的人關心你　叫關你屁事

2020/12/22

吃熱狗堡的時候
千萬不要看著喜歡的人
不然會特別好吃

2020/12/27

測謊機
應該不是為了犯人發明的
應該是為了男人發明的

2021/1/27

不要太相信
女人說　五分鐘後就出門
男人說　五分鐘後就回家

2021/1/30

女人的第六感
有時候比算命的還準

2021/2/1

你的笑容
就跟台南的食物一樣
很甜～

2021/3/13

什麼餐廳會讓你一直想去
1. 菜單有你喜歡的菜
2. 店員是你的菜

2021/3/2

心有靈犀一點通
心沒靈犀
拿通樂通　也不會通

2019/5/25

不是每個人
都可以靠裝可愛
來解決問題的

2021/3/3

兩件事情不要太相信
1：山盟海誓的男人
2：修完圖的女人

2020/5/31

別人都結婚生子
我的孩子
卻都還黏在衛生紙

2021/3/17

暖男　會傾聽你的心聲
渣男　只想聽聽你的叫聲

2021/4/6

分手後
一定要好聚好散
頂多偶爾詛咒對方

2021/3/27

我不想忌口
但看到你我就沒胃口

2022/3/19

如果要花很多錢
才能追到喜歡的人
那跟保夾有什麼兩樣

2021/4/4

不愛你的男友
才會叫你感冒時喝熱水
愛你的男友
會叫你喝伏冒熱飲

2023/1/16 伏冒熱飲合作語錄

真正愛你的人
不會在意你有沒有美肌
也不會在意你有沒有大肌肌

2021/7/26

偷看別人手機
跟偷看別人雞雞一樣
沒禮貌～

2021/4/15

說到情緒勒索
很多家長都是高手

2021/8/9

爸爸說要打小孩屁股　小孩都會怕
爸爸說要打媽媽屁股　媽媽都會笑

2021/4/30

面膜總是能讓女人
安靜個十分鐘

2021/8/9

不要在玩大冒險的時候
才敢冒險
不要在玩真心話的時候
才敢說真心話

2021/5/6

有些感情就像扮家家酒
明明知道是假的
還是要繼續演下去

2021/9/3

屌打別人

其實 . . . . 很不衛生

2021/4/27

想要百年好合

但總是不到百日

就開始不合

2023/4/21

結婚是一輩子的事

一輩子不會快樂的事

2023/4/12

祝大家白色情人節
都能收到白白的東西

2023/3/14

看到喜歡的人會提神
看不喜歡的人會醒腦

2021/10/11

兒童節請勿做
兒童不宜的事情

2023/4/4

在路上喊帥哥
10 個人有 8 個會回頭
在路上喊渣男
10 個人會有 10 個回頭

2021/9/15

單身的好處就是
五倍券可以自己花

2021/11/2

出來混全憑三樣東西
夠狠　義氣　妹子多

2021/10/14

有些愛情　最像滿漢全席
有些愛情　會像滿清十大酷刑

2021/11/4

你又不是
我第三個生日願望
為什麼我要把你放在心裡

2021/10/25

最近會跟你示好的人
其實都只是想
跟你分 disney+ 的帳號而已

2021/11/11 disney+ 在台推出

喝咖啡 吃甜食 AA 制
又讓你胃食道逆流了嗎

2021/11/15

男人到手以後
還會繼續珍惜的
大概就只有 Ps5 了

2022/2/11

小時候夢想是當
四大天王
長大後夢想是當
隔壁老王

2021/12/4

情人節快樂
人與人的連結更快樂

2022/2/14

這個年代
被說小三比被罵三小還慘

2022/1/16

成功的男人就是
又高 又帥 又會唱歌
又會復活

2023/1/16 劉文正誤傳過世新聞

通常每個爸爸都很愛他的女兒，

可能是所謂上輩子的情人。

通常每個兒子都很孝順他的媽媽，

可能是因為媽媽都把最好的給你。

所以，

女人要找另外一半，

要找比你爸還愛你的人。

男人要找另外一半，

要找比你還孝順你媽的人。

送給以後遇到來面試你另一半的每個人。XD

愛情就是這樣。

總是會讓人溫暖，

就像冬天裡的一把火，

但也可能讓你氣到肚子裡都是火。

大部分的小鳥
冬天都會縮很小

2022/3/7

有三高 有小腹 愛耍帥
也算是一種高富帥

2022/3/30

我很醜
可是我努力又持久

2022/3/24

緣分就是繞了一大圈
或是胖了兩三圈
都還會回到你身邊

2022/3/10

有些男人
嘴巴說自己是隻老虎
脫下褲子卻像隻巧虎

2022/4/4

不在乎天長地久
只在乎床上持久

2022/4/6

地震隨便搖
都比你男朋友用力搖
還來得恐怖

2022/9/19

男人都希望
每天跟國慶日一樣
早上都能升旗

2022/10/10

不管是笑起來很甜的人
還是邊笑邊吃甜的人
微笑是一天的開始

2015/7/23

追逐夢想最有趣的事情
不只是過程
還有陪著你的人

2015/7/31

只想跟喜歡的人溫存
不想跟討厭的人共存

2022/5/4

兩種有魅力的男人
1. 一秒鐘幾十萬上下
2. 一秒鐘可以搖好幾十下

2022/6/1

聊到前任
不是祝福 就是詛咒

2022/6/10

如果你很想結婚
又沒有對象
地上有紅包就撿吧

2023/6/20

修圖千萬不要修到
你阿公都不認得你

2022/6/22

仇人跟愛人很像
化成灰你都能認得

2022/6/23

要顧好眼睛　有人選擇吃葉黃素
有人選擇吃幼齒的

2022/7/5

團體久了　就會想單飛
一個人久了　就會想雙飛

2022/7/4

謊言跟套套一樣
一旦被戳破
大家都會很難看

2022/7/1

三不五時就會做愛
心的朋友
一定會有福報

2022/7/7

多運動　是健康的
多人運動　是快樂的

2022/7/11

沒有永遠的友誼
不管是純的
還是不純的

2022/7/30

大家都愛按摩
不管是純的
還是不純的

2022/7/31

讓我歡喜讓我憂
沒讓我歡喜
可能是長不優

2022/8/6

朋友就跟精蟲一樣
長越大
就會越來越少

2022/8/12

做愛做的事情
不要三分鐘的熱度
也不要三分鐘的速度

2022/8/20

台上一分鐘　台下十年功
床上一分鐘　被笑十分鐘

2023/2/5

奇摩交友
是最單純的交友軟體
起碼當年都沒修圖

2022/10/5

在台灣的洗洗睡
跟在泰國的洗洗睡
感覺是不一樣的

2022/10/11

初戀就像吃糖葫蘆
酸酸甜甜
手還會有一點黏黏

2022/12/23

只要能睡得好
跟誰睡已經不重要

2022/10/15

找飯店跟找真愛一樣
一定要睡得舒服

2022/10/21

Keeping fit is not easy.

瘦不了
很苦

變胖沒有不對，
只是不想面對。

04

瘦不了很苦：溫咖啡談肥胖這件事

在這本經典語錄中，有一項分類是關於身材與肥胖，原因是？

我發現這是人在成長過程中，分別會在不同階段遇到的煩惱，很容易引起共鳴。從小學到高國中，會遇到成長胖；出社會了，久坐在電腦桌前會產生另一種胖；女孩子從不是媽媽到變成媽媽，會經歷另一種胖；還有因為年紀而來的胖，那幾乎是每一個人都會遇到的。

作為一個粉絲專頁經營者，後台的數據會告訴我很多事實，事實是，這類語錄不分性別與年齡，看到的人都很容易有共鳴，不管怎麼寫，都會有點好笑。

但我在寫這類語錄的時候很小心，因為我不想要攻擊到任何一個人，讓人受傷，所以我儘量調侃我自己啦（但其實我不是一個很胖的人。）

曾經有因為語錄挖苦人，使人不舒服的經驗嗎？

我一直是一個很幽默的人，因為我反應比較快（所以有時候也比較油。）以前我在憲哥的公司工作的時候，那時候我看憲哥，他就是我的偶像，所以我也學他能反應很快生出笑話的作風。但後來有朋友提醒我，我講笑話其實有時候得罪了人，但我真的不知道！

一個人因為我的笑話而受傷的感受，可能要花很久的時間才會過去，也可能，搞不好他就記著一輩子，所以後來我常警惕自己。

笑話會過去，會記得的人只有受傷的那個人，玩笑還是開自己的就好。

人生真的很無常，

因為你永遠不知道是明天先來還是意外先來，

甚至肥胖先來。

要把握所有開心的事情，

以及每一間美食。

人心隔肚皮。

雖然還是難了解人心，

但很了解我中年的肚皮。

中秋節就是會吃到
跟自己的身材有過節
2018/9/22

什麼是老了
進錢櫃第一件事情
是看菜單不是看歌單
2015/7/19

陪你看月圓的是朋友
陪你臉變圓的是真朋友
2018/9/23

吃不完的肉粽
就冰到年底
交換禮物時再拿出來
2022/6/5

月圓不只人團圓
脂肪也會跟著團圓
2022/9/9

年前　恭喜發財
年後　恭喜發福

2016/2/15

型男大主廚
越吃越發福

2022/10/26
是老闆去上型男大主廚語錄

長大才發現
開心是敘舊
而不在是酗酒

2015/10/11

台灣最好吃的是邊走邊吃
台灣最好喝的是免費試喝

2016/1/23

減肥不是用嘴巴說
是嘴巴不要吃

2016/3/11

想全家一起吃飯
但都一個人在全家吃飯
忙碌人生

2016/3/17

宵夜是一種很玄的東西
如影 隨行

2016/5/29

恭祝你福壽
腰瘦腿瘦臉瘦與天齊

2023/6/12 温咖啡 8 周年生日

別人都能天生很帥
我只能吃成天篷元帥

2023/5/18

體重重 不會沒朋友
心機重 才會沒朋友

2016/11/4

夢想就跟衣櫥一樣
永遠不夠大
永遠塞不下

2016/12/5

外國的月亮不一定比較圓
但去外國
一定把臉吃得很圓

2017/5/17

不管是南部粽還是北部粽
能讓你變重
都是好粽

2017/5/29

天增歲月人增壽
不要肥胖只要瘦
2017/7/26

手心手臂都是肉 很糾結
肚子臉上都是肉 更糾結
2017/9/17

開車不喝酒
沒酒品也不要喝酒
2016/10/27

長得醜　瘦也沒用
長得胖　帥也沒用

2017/10/27

態度決定高度
太會吃
決定你胖的速度

2017/11/7

減肥這件事情
都是
胖子在說　瘦子在做

2017/10/23

但願人長久
肥胖不要有

2017/12/14

小時候以為胖子會沒朋友
長大後才知道
瘦子才會沒朋友

2017/10/19

胖子的好處
就是你胖一點點
別人也看不出來

2018/3/2

瘦子的壞處
就是你胖一點點
隨便都看得出來

2018/3/3

身體髮膚 受之父母
瘦不了
也不能怪父母

2017/11/7

一種米養百種人
也養胖很多人

2018/5/20

高三那年　我很青澀
三高那年　我面有難色

2023/4/11

會讓你吃不下飯的人
也算是減肥的貴人

2023/4/17

問世間情為何物
一吵架就狂吃炸物

2023/3/2

做人可以很圓潤
身材可以不要很圓潤嗎

2018/7/26

衣服一定要買大一號的
避免縮水
以及自己變胖

2018/9/7

小時候哭著哭著就笑了
長大後笑著笑著就餓了
2018/9/11

人類因夢想而偉大
因阿嬤養的而巨大
2018/10/4

人類因夢想而偉大
因愛吃而肥胖
2018/10/5

溫咖咖

胖子不會被排擠
只是跟胖子出去
去哪裡都會有點擠

2018/9/16

自己去吃飯的好處
就是吃再多
別人也不會知道

2018/9/19

大難不死　必有後福
大吃過後　必定發福

2018/10/16

You are so beautiful
你要瘦才會 beautiful

2023/5/5

自己變瘦很開心
朋友變胖更開心

2018/12/11

世界紛紛擾擾喧喧鬧鬧
吃飽最真實

2019/3/16

常常找閉上眼睛
聽到肚子餓的聲音

2019/4/6

有些人的腿又細又長
有些人的腿很像蹄膀

2019/4/10

變胖是一種青春
瘦不下來是一種人生

2019/4/13

有些人懷孕會變胖
有些人變胖像懷孕

2019/4/28

早餐店的奶茶
是腸胃最好的朋友

2019/7/18

Ai 智慧什麼都能幫你
但減肥還是要靠自己

2023/2/15

人生就是那麼簡單或無聊。

冬至就是要 po 吃湯圓照片、

聖誕節就是要 po 交換禮物照片、

過年就是要 po 賭桌的照片、

中秋就是要 po 烤肉的照片、

端午就是要 po 肉粽的照片、

情人節就是 po 放閃的照片或孤單一人的照片。

人生嘛！

東比西比，

就是網路世界不能輸。

再有想法的人
還是常常不知道
中午要吃什麼

2019/11/13

煩死了
2月才28天
整整少吃了六餐

2023/2/11

陪你一起熬夜的是朋友
陪你一起宵夜的是真朋友

2019/12/2

小時候想要寄生上流
長大後只有
胃食道逆流

2020/2/26

六塊腹肌很迷人
六塊麥克雞更迷人

2022/12/27

世界不會因你而轉
只有壽司會因你而轉

2023/1/4

你報復性的吃
就會報復性的胖

2020/6/28

最怕空氣突然安靜
更怕洋芋片裡面都是空氣

2020/6/10

不知道吃什麼的時候
麥當勞
永遠是最 safe 的選擇

2020/6/5

醫生說不能吃的東西
都是你喜歡吃的東西

2020/7/9

人生就是不斷的水逆
然後又不斷的水腫

2020/7/12

不管有沒有吃湯圓
我的臉還是會
圓圓滿滿一整年

2022/12/22

你支持的球隊贏 吃宵夜慶祝
你支持的球隊輸 吃宵夜洩恨

2022/12/7

我只是怕我變瘦以後
衣服要重買
我才不去瘦的

2020/9/29

不讓海龜吃到吸管
唯一方法就是
你用完後自己吃掉

2020/9/7

約朋友吃宵夜
最主要的目的
就是一起變胖

2020/9/11

與其瘦不了在那邊不開心
不如好好大吃讓自己開心

2020/9/20

阿嬤們
總是能把任何東西
都塞到冰箱

2020/9/24

人生總是跌跌撞撞
吃胖一點
比較不怕被撞
2020/9/26

希望長得很有福氣
但都只長得很有福態
2020/8/19

在台南點半糖
都會被多看一眼
2020/10/21

大家都想當一個
腰瘦的人

2023/5/16

要活得開心
就不要太在意身材

2021/3/24

變瘦的計畫
趕不上
變胖的變化

2021/3/31

頭過身就過
這句話
是說給瘦的人聽的

2021/4/28

胖的朋友跟瘦的朋友
掉到水裡
你會先救誰

2020/11/20

如果在博愛座
加上體重機的感應
大家一定都會讓座的

2020/12/13

每隻醜小鴨
長大都有可能變成
我們最愛的薑母鴨

2021/2/2

地震來的時候
有雙下巴的人最有感

2022/12/15

千萬不要小看自己
你明明就很大隻

2023/2/21

真希望看別人運動
自己就會變瘦

2021/8/3

君子請自重
胖子請減重

2021/5/5

雞排加珍奶
就是你變胖的破口

2021/7/11

你再吃就會變胖
這句話
根本是製造恐慌

2021/9/9

如果有平行宇宙
另一個世界的我
應該也是很愛吃

2021/10/26

當幸福來敲門時
肥胖也會跟著來敲門

2021/11/3

吃七分飽的好處
就是
很快就可以吃下一餐了

2021/10/27

原諒我這一生
不羈放縱愛吃的自由

2021/11/7

溫咖啡

在廚房也在吃
在客廳也在吃
那也算一種
進得了廚房出得了廳堂

2021/11/25

你去想一想
你去看一看
食量代表我的心

2021/11/27

如果減肥
可以跟追劇一樣認真
那就好了

2021/11/29

希望每天吃的熱量
都可以上傳到雲端

2022/1/8

荷包永遠在縮編
身材永遠在擴編

2022/1/17

日復一日　說要減肥
年復一年　越吃越肥

2022/1/22

有些食物　看起來就是很好吃
有些人　　看起來就是很會吃

2022/3/2

瘦的人
才能皮笑肉不笑
胖的人
皮一笑肉就開始抖動

2023/6/26

小時候拍大合照
高的要站後面
長大後拍大合照
臉大的要站後面

2022/3/12

如果自己也沒多瘦
就不要說別人胖

2022/3/15

三八婦女節快樂
有三層雙下巴的人
也快樂

2023/3/8

生命會為自己找出路
我只會為自己找食物

2022/10/20

大家都知道減肥很難，

大家也都知道變胖很簡單，

不要以為你只是喝一杯珍奶而已……

疫情下別再分類了！
如果真的要分類，
疫情下只有：
胖的一類，
窮的一類。

心情不好時　就是要
1 哭 2 鬧 399 吃到飽

2022/4/7

人生短短幾個秋
不吃飽不罷休

2018/11/17

體重計就跟地雷一樣
一腳踩上去後
就不敢動了

2022/4/2

總是有人
嘴巴說過得不好
但每天都吃得很好

2022/4/19

有人在意自己的命盤
有人在意火鍋的菜盤

2020/6/20

變胖　一分鐘
變瘦　十年功

2022/5/12

希望 168 斷食法是
16 小時在吃
8 小時在睡

2020/10/20

如果橘貓都會比較胖
那我一定是
人類界的橘貓

2022/5/31

變瘦　可以勉勵自己
變胖　那就緬懷自己

2021/10/16

恭祝你福壽與天齊
只有變瘦才會快樂

2022/6/9

南北粽很可憐
要被我們吃掉
還有被我們比較

2020/6/25　端午節語錄

把自己吃得很圓
就是不想被別人看扁

2022/6/19

月圓　人團圓
吃太多　臉變圓

2015/9/26

胖這件事
天知　地知　你知　我知
但還是照吃

2022/7/2

會胖的人　呼吸也會胖
會被討厭的人　呼吸也會被討厭

2018/2/9

變胖沒有不對
只是不想面對

2022/6/21

忍一時　風平浪靜
去吃到飽　海闊天空

2022/7/10

人人有機會　變胖
個個沒把握　變瘦

2022/11/1

不只錢會通膨
身材也會通膨

2022/7/20

最遙遠的距離就是
看到喜歡的衣服
但沒有你的 Size

2022/11/9

不怕幸福肥
只怕不幸福
你還是很肥

2017/6/4

我們都曾遺失了自己
但都不曾遺失脂肪

2021/1/15　告五人合作

別人都是吃一點就飽了
我都是吃一點就胖了

2021/3/16

有人的地方　就有江湖
有吃的地方　就是舒服

2022/3/28

深夜問題多
宵夜吃太多

2022/10/4

月餅臉的人
在中秋時特別親切

2021/9/18

看好了世界
台灣只示範一次
在兩週內變胖

2021/5/16

一定要夠瘦
地震時
才能躲在桌子下

2022/1/3

除了體重
什麼事情都不要
看得太重

2022/10/18

年前身材像巧虎
年後身材像胖虎

2022/2/6

我很好騙
只需要請我雞排一片

2022/3/5

體溫正常
體重不正常

2021/8/10

Bad life is not easy.

壞日子
很苦

佛度有緣人，
我只會賭爛人。

05

壞日子很苦：
溫咖啡談老闆難當

作為一個咖啡店斜槓語錄粉絲專頁經營者，哪些事情會讓你覺得，人生真的不容易？

如果你想要體驗我的人生，試著一天寫一個句子，就知道我在過怎樣的日子了。我曾經因為想不出語錄不敢去開店門，也曾經卡在今天的語錄沒有昨天的好笑，那種無限循環自我比較的痛苦。

其實我聽說過有臉友嘗試這樣的挑戰，最久大概只有堅持1個月而已。

第1天這個挑戰很新鮮，第2天感覺一樣很好，到了第4第5天，覺得自己怎麼越寫越不好笑的時候，相信我，下週你就會想要放棄了，但我堅持到現在，已經第8年！

這是一個長期抗戰，我每次回頭看自己撐了那麼久，都會

嚇一跳！你要跟自己比，每天都要原創，每日都要一句。如果不是這個堅持，讓温咖啡做出特色，我開店的生涯可能在建國北路的第一家店就倒了吧。

疫情期間，對餐飲業者的不容易，也一樣歷歷在目吧！
這本書裡面蒐錄的經典語錄，有很多是關於疫情的，這對餐飲業者真的是太辛苦的 3 年。

每年 6/12 温咖啡的週年慶，我都會在 fb 上寫下一段紀念週年的文章，這是我其中的一篇：「又到了 6/12 的日子，温咖啡 6 歲生日快樂，距離百年老店還有 94 年，依照往例煙火要放下去，但現在只能待在室內，就先不放煙火了⋯⋯

『必須非常努力，才能看起來毫不費力』，這句語錄並非温咖啡所創，但這是我開店的第一句語錄，也時常提醒著自己要非常努力。

以開咖啡店的經營來說，6 年走下來很不容易，比感情還難走，尤其遇到疫情，好像考驗才正要開始。」

太多計畫好的事情、

規劃好的事情、

希望會發生的事情、

以為會發生的事情、

求神拜佛的事情、

再有把握的事情、

十拿九穩的事情⋯⋯

可能都會有所謂的變數，

這就是人生。

變數的量，

其實也不會輸給宿便的量，

人生也許就是這樣，

變數很多宿便也很多。

人生在走，

內涵很重要，聊過就知道。

內餡更重要，咬下去才知道。

助人為快樂之本
只要你肯

2015/11/16

為什麼世界上沒有人
可以曬太陽一整天
因為太陽只出來半天

2015/12/19

走自己想走的路
是不用開導航的

2016/8/27

不怕忠孝東路走九遍
就怕沒有網路沒有電

2016/4/19

生日許的不是願望
是想做的事不要忘

2016/8/12

夜路走多了
總會遇到夜跑的人

2016/8/27

要睡的時間　不想睡
不能睡的時間　超想睡
當人好累

2016/10/5

眼睛小的好處就是
你在瞪別人
別人以為你只是沒精神

2016/10/26

做喜歡的夢
落枕也要把它做完

2016/6/7

起手無回大丈夫
已讀不回會想哭

2016/2/3

事出必有因
事多卡到陰

2016/2/17

話不投機半句多
話很投機髒話多

2016/2/1

走錯路　回頭是岸
走對路　回頭按讚

2017/3/7

錢多　是理想
事少　是夢想
離家近　是要靠冥想

2022/12/20

真正的快樂
不是多刷幾次信用卡
而是少用幾次健保卡

2017/4/26

生命線　是天注定
理智線　是你決定

2017/4/27

花若盛開　蝴蝶會來
窗戶打開　蚊子會來

2017/5/2

唸書不難　考試不難
你唸的沒考才賭爛

2017/5/21

沒有人會天天過年的
也沒有人會衰小一整年的

2017/5/8

成功的人打電動是休閒
不成功的人打電動
是你他媽的很閒

2017/5/31

偉大的人離開
是留名歷史
不偉大的人離開
埋在哪 那是地理

2017/2/26

狼若回頭
不是報恩就是報仇
人若睡過頭
不是裝病就是想理由

2017/2/8

心靜　自然涼
心不靜　趕羚羊
2015/8/1

勝不驕
敗不靠腰
2017/8/29

做人不知足
做什麼事都不舒服
2017/8/30

時間就是金錢
年輕就是本錢
千萬不要被老擊敗
2017/7/23

人生在世
總會厭世
2017/11/9

參加別人婚禮時
特別想結婚
參加別人葬禮時
特別想好好活著

2017/6/27

台灣是寶島 人人有責
台灣是鬼島 人人有份

2017/8/31

如果你沒有信上帝
還是莫名的被開一扇窗
中元記得要普渡

2017/9/5

戒煙的人
覺得度日如年
不戒煙的人
又怕少活幾年

2017/7/20

勝者為王
敗者不含扣
2015/11/14

上帝幫你打開了一扇窗
你只擔心冷氣會跑掉
2018/8/29

離開奶嘴的年代
來到說嘴的年代
很想回到小孩
2018/1/4

長輩的紅包不敢拿
地上的紅包不敢撿
這就是長大

2018/1/6

小時候希望走路有風
長大後只有雙腳痛風

2018/9/26

不小心摸到大便時
千萬不要
嚇到吃手手

2018/1/8

如果毛小孩會說話
狗一定會說我愛你
貓一定還是不會理你

2021/7/20

玩笑
就怕像高速公路一樣
開過頭

2021/8/7

想哭的時候就哭出來
不想笑的時候
就不要特意笑出來

2017/12/21

你終究會喝到斷片
那為什麼不一開始
就喝孟婆湯

2023/6/10

如果沒有電
皮卡丘
一定沒辦法那麼秋

2023/5/31 台電合作語錄

真心話　常常很難聽
難聽話　常常最真心

2018/3/6

秘密就跟便秘很像
別人的都很想說出去
自己的很想保密

2018/3/16

路遙知馬力
路短坐捷運

2018/4/14

正能量太多　很假掰
負能量太多　很難掰

2018/3/17

人逢喜事精神爽
人逢厭世看誰都不爽

2018/4/17

我們都不渺小
只是常常很衰小

2018/6/8

收再多長輩圖的祝福
也改變不了很衰小的一天

2018/6/30

心結就跟喉結很像
一旦有了
永遠凸在那邊一塊

2018/7/5

為什麼生日要快樂
因為你沒辦法天天都快樂

2018/8/12

做自己好自在
什麼都不用做
更自在

2018/7/31

小時候信念很多
長大後殘念很多

2018/4/3

夫妻本是同林鳥，

大難臨頭各自飛。

不只是在說夫妻，

可能是情侶、好朋友、兄弟，閨蜜等，

甚至一起打拼的夥伴，

都有可能因為要繼續生存而斷尾求生。

真的遇到大難，

各自飛是小事，

會互婊才是真有的事，

自己能活下來最重要。

很討厭的人生選邊站，

我以為只有念國小時會有，

沒想到念國中也是念高中也是！

到現在都要 40 歲了還都是！！！

孫悟空自從有了頭痛藥
就再也不怕
唐三藏唸緊箍咒了

2018/9/28

人生就跟你的房間一樣
大部分的時間是亂的

2018/12/15

小時候想出門的理由
長大後想回家的理由

2019/2/3

生氣時　不要大聲
開心時　不要魔性笑聲

2019/3/27

生日最值得慶祝的事
就是自己還活著

2019/4/9

會流著你的血液的
除了你的孩子
就是你家的蚊子

2019/4/15

煩惱就像
你房間椅子上的衣服一樣
一大堆

2019/6/15

開冷氣　北極熊會死掉
關冷氣　我會死掉

2019/7/7

我們一起學貓叫
一起被鄰居靠邀

2018/11/6

客服的電話
比陰曹地府的電話
還難打進去

2018/11/9

我不怕千萬人阻擋
只怕蟑螂飛翔

2019/1/11

人之初　性本善
已讀不回　王八蛋

2019/3/19

早睡早起　精神百倍
晚睡晚起　精神兩百倍

2023/4/7

煩惱就跟
俄羅斯娃娃一樣
源源不絕

2020/2/12

生日第三個願望
通常都不會實現
難怪都要放心裡

2019/8/12

早上最大謊言
今晚一定要早睡
晚上最大謊言
明天一定要早起

2019/11/12

每到夏天熱到抓該邊
抓該邊

2019/7/16

你不會知道
一群女生聊天會多三八
一群男生聊天會多王八

2023/5/28

交換禮物就是
準備一個很爛的禮物
去換別人準備很爛的禮物

2019/12/24

夏天最怕　冷氣機不冷
冬天最怕　熱水器不熱

2020/1/15

人帥　真好
人醜　但有錢
不知道怎麼選才好

2023/4/9

經常去算命的人
一定是命不好

2019/11/20

不要相信學貓叫聲
就可以跟貓溝通

2020/5/16

只要早餐店阿姨
還願意叫你帥哥
人生就不算失敗

2020/5/24

動態回顧的目的
就是要告訴你
你以前多蠢

2020/7/7

不要相信
煞車跟油門一起踩就會截圖
這種沒有根據的說法了

2020/3/6

誰說錢買不到朋友
掃地機器人
就是我最好的朋友

2020/5/18

在學校帶你成長的　是老師
在社會帶你成長的　是老司機

2020/5/22

希望煩惱就像限時動態一樣
24 小時以後
就會消失

2020/5/23

限時動態放太多
看起來就像
人生跑馬燈
2020/7/21

難過的時候
去給雨淋一下
你就會感冒然後更難過
2020/9/13

對流星許願如果沒實現
我就會給這顆流星
一顆星評價
2020/10/17

大部分人的家裡
都有一座
跟山一樣高的衣服

2020/11/24

好事多磨
英文：Costco mo

2020/12/10

心情不好的時候
請試著默念髒話

2023/4/2

別人都有偏財運
我只有偏頭痛的命

2023/1/25

犧牲小我　完成大我
但為什麼
犧牲的永遠都是我

2022/12/29

當你被別人誤會時
先別急著解釋
你可以先瞪他

2022/12/16

人不可貌相
尤其是
美肌後的摸樣

2023/5/12

我們背對背擁抱
筋骨可能會扭到

2023/5/9

離開地球表面 很難
離開棉被裡面 更難

2021/1/13

刻在我心裡的 是名字
叮在我身上的 是蚊子

2021/1/4

看到貓咪群聚
就會很療癒

2021/5/22

想哭的時候就倒立
然後就會
越哭越大力

2021/1/28

很多事情
就跟毛細孔一樣
長越大越看得清楚

2021/4/2

就算你正面不好看
你也不能太負面

2021/4/12

豬年三大願望
睡得比豬久
吃得比豬少
長得比豬帥

2019/1/2

如果說謊鼻子會變長
早餐店阿姨
還會叫你帥哥嗎？

2021/4/17

如果一壘安打是牽手
大谷翔平
沒有在跟你牽手的啦

2021/7/4

請各位家長用愛的教育
但用愛的小手
會更加有效率

2021/6/1

早上會叫你起床的　是公雞
半夜會吵你起床的　是貓咪

2021/7/8

認識幾個金魚腦的朋友，

他們總是比別人活得開心。

好像都沒有煩惱，

好像都沒有心事，

原來是他們有煩惱跟有心事時，

7 秒後又會忘記。

（喂～）

感謝所有寶特瓶的瓶蓋。

謝謝你們的教導，

一生受用無窮，

就是那麼受益良多。

「再接再厲」你才是好人，

「再來一瓶」才不會讓你成長勒。

蛇 ... 最怕 .... 咬到 ....
自己的 .... 舌頭

2021/9/2

人生很苦
而且不回甘

2022/4/10

厲害的記憶枕頭
連落枕的位置
都會幫你記住

2021/8/21

佛度有緣人
我只會賭爛人

2022/5/25

當新款手機在市面上發燙
你的舊手機
就會在你的手裡發燙

2021/9/14

詐騙集團的敗筆
就是照片都用太正了

2022/7/21

旅行就跟路跑一樣
就是要說走就走

2018/9/29

可以在我的牛排上灑鹽
但別在我的傷口上灑鹽

2022/8/29

玩 5 10 15 時
如果對手一直喊沒有
那一定是看你沒有

2021/12/7

知識就是力量
露奶才有流量

2022/10/31

低頭族的好處
就是大家看不到
你的抬頭紋

2021/1/29

排隊就是
你前面排很長很不爽
你後面排很長超級爽

2018/11/25

會撕裂台灣的
不只政客
還有南部粽跟北部粽

2019/6/8

交換禮物就是
把自己不要的東西
換別人不要的東西

2018/12/21

福袋跟垃圾袋
總是在一線之隔

2022/1/18

為什麼會缺蛋？
該不會雞也在少子化？

2022/2/8

如果世界上有超人蝙蝠俠 我相信他們會去救香港的 2019/11/19	不去投票 你討厭的人就要當選了喔 2020/1/10
不管交換禮物 會換到多爛的禮物 都還是要強顏歡笑 2021/12/26	祝大家虎年 虎虎生風 畫虎爛也能成功 2022/1/12
親家看似很親 其實彼此都是戲精 2022/12/12	祝大家虎年 跟巧虎一樣討喜 2022/1/31
今天是9月9號 星期三 天氣晴 氣溫27~33 2020/9/9 想不出語錄的一天	嘴巴說新年快樂 身體卻希望紅包拿來 2022/2/1
小朋友才在　聽見歌在唱 大人都是點碗牛肉麵 再唱 2021/4/22 電影《聽見歌在唱》合作文	如果你常常輸到脫褲 有賭局時 請多穿幾條褲子 2022/2/3
地震的時候 都可以知道 自己的尿尿功能是否正常 2021/10/24	整理家裡就是為了 把不要的東西 拿去交換禮物 2021/12/25
要送小孩去學音樂呢？ 還是 要送小孩去學作文呢？ 2021/12/21 王力宏新聞語錄	注意看 交換禮物時微笑的人 禮物一定是爛東西 2022/12/25
過年都在輸的原因 你與財神比對並無接觸 2022/2/5	問別人年齡　很不禮貌 問別人生肖　會好一點 2023/2/10

Good life is not easy.

好日子
也苦

不管疫情如何，
我永遠會跟我討厭的人，
保持社交距離。

06

好日子也很苦：
溫咖啡談自己的真實人生

你的語錄中，雖然開人生玩笑的挖苦式幽默居多，但也不乏溫暖的親情與友情，可否談談這部分？

我的爸爸影響我很深，他是我最尊敬的人，對我的處事態度影響很多。小時候比較嚴肅的爸爸都會說：「兒子啊～企圖心要強」。但是當你在外面失敗或是不順的時候，回到家裡沮喪時，只會在意你長得高不高的媽媽又會跳出來說：「兒子啊～得失心別太重」，靠北！當時覺得人生好難。不過長大後，發現人生真的就是要用這種心態面對任何事情。

有時停下來或退後幾步，也不是壞事。也許好玩就好，也許開心比較重要。

關於友情的想法呢？

大部分都是有默契啦，就真的有一種同個伺服器的感覺，

知道對方跟你想的是一樣的。但是如果心沒有靈犀，我想你拿通樂也不會通。

你覺得温咖啡走到現在，算是成功了嗎？

我只能說，原本以為 3、5 年就會倒了的咖啡店，堅持到現在，我已經很努力了。成功一定有原因，不管什麼原因，都要去珍惜那個原因。努力、用心、天才、外表、一技之長……不管是哪個都要去珍惜。（尤其是外表，因為它比較容易因為年紀而不見。）

靠臉吃飯的顧好你的臉、靠嘴吃飯的顧好你的嘴、靠技術吃飯的顧好你的技術、靠爸靠媽吃飯的也要顧好你爸媽。無時無刻都想吃飯的、你是否更需要比別人更努力呢？每個人都有一個在這個社會生存的方式，一定要好好照顧讓你好好活著的方式。

真正想說的話不用別人分享，

真正想肯定的事情不用別人按讚，

但不要掉到網路的深淵，

那些都是虛幻的。

人生大部分的時間都在追尋夢想，

人生大部分的時間都是一事無成。

但只要做的不是壞事，

做的是自己想做的事，

無怨無悔的事，

雖然過程常常會很火大，

我相信最後結局就是很偉大。

真愛不知道能不能
用普篩的方式找到

2020/8/23

愚人節就是要
互相傷害

2018/4/1

打疫苗前
都會把想說的話
寫下來

2021/9/10

愛情跟疫情很像
在還沒完全結束前
都不算結束

2021/9/13

交朋友不能做作
更不能只看星座

2016/6/27

你怎麼能不愛棒球
冠軍賽以後的折扣呢

2020/11/8　中華職棒冠軍賽完語錄

去買朋友的禮物
千萬不要去你也喜歡的牌子
不然會一發不可收拾

2017/7/24

感　謝老師們
您　一生教誨
老　是忘不了
師　恩似海參

2020/9/28　教師節語錄

自從騎電動車後
再也沒有人跟我說
加油～好嗎～

2020/12/28　goshare 合作語錄

人生最美的回憶
有人是在敦南誠品
有人是在敦南麗緻

2020/5/30　敦南誠品熄燈

不求　精忠報國
只求　好想贏韓國

2017/8/25
跟韓國棒球賽時語錄

傷心的人別聽慢歌
玩遊戲的人別找乃哥

2017/9/30 乃哥＆唐從聖新聞語錄

未來見面的問候語都是
你今天篩陰陽了嗎？

2022/5/1

沒搶到衛生紙
絕對不能哭
因為你沒有衛生紙擦眼淚

2018/2/27 搶衛生紙新聞

嘴巴說支持兄弟
身體卻希望
7-11 可以打折

2021/12/2 兄弟對統一冠軍賽

什麼是防颱準備
其實就是錢櫃訂位

2016/9/14

被匡是幸福
被匡列是痛苦
2022/4/25

心靜　自然涼
陰轉陽　趕羚羊
2022/4/30

詐騙集團
總會在愚人節時
公休一天
2022/4/1

大丈夫行不改名
除非⋯　為了鮭魚
2021/3/18 改名鮭魚免費吃鮭魚

志同道合
不志同道別
人生就是來來去去
2016/3/4

只有做除毛的診所
才有資格說
毛長齊再來

2021/1/5 「毛長齊再來」新聞語錄

超明亮夜拍功能
非常適合夜路走多的人

2021/1/21 三星手機合作

下列哪一首歌是告五人的新歌
1. 醜人多作怪
2. 超人愛作怪
3. 你全家才多作怪

2021/2/6 告五人合作

每天一直狂吃
只是想確定
味覺有沒有喪失

2022/4/29

可愛的人
裝可愛才有用
不可愛的人
裝可憐也沒用

2023/6/30

小黃瓜能放臉上敷
也可以當姐夫

2023/5/17

父母平常再怎麼盧
過年記得
回去陪他們圍個爐

2016/2/5

感謝當年爸爸
沒有讓我死在衛生紙上
父親節快樂

2017/8/8

真正會欺騙你的人
都不會是在愚人節

2019/4/1

魔鏡啊 魔鏡
誰是世界上最美麗的女人
魔鏡：賈永婕～

2021/6/22 賈永婕捐贈抗疫物資

疫情之後　看到朋友
能合照就合照
能抱抱就抱抱

2021/6/25

其實不管有沒有疫情
我都需要被紓困

2021/7/3

其實吉祥話
也是一種另類的幹話

2019/2/9

三倍券給媽媽的原因
1. 你是個孝順的孩子
2. 單純被A走

2020/7/14

母親節一定要記得
問候自己媽媽喔

2022/5/8

再怎麼無聊
沒有話題都不要硬聊

2018/4/20

同學會最開心的事情
就是發現
不只你變老

2019/2/20

上帝沒有幫你關一扇門
媽媽會幫你關
上帝沒有幫你開一扇窗
媽媽會幫你開

2017/5/14

天塌下來　我會撐著
天沒塌下來
那你先撐著

2019/5/28

一定要跟 229 的人說聲生日快樂
因為他們下次生日是 1460 天後

2020/2/29

爸爸偉大的地方
不是製造你
而是罩著你
2018/8/8

孝順不是聽父母的話
孝順是陪父母說說話
2016/3/8

世界上最美的顏色
就是你色色
我也色色
2022/12/2

地球轉得很慢，
人類卻老得很快。

小時候常常想著出門的理由，
沒事就想出門聚會，
長大後常常想著回家的理由，
聚會待沒有很久就想回家。

我這幾年，

已經開始慢慢在找回家的理由。

打完疫苗的當天
是不是
都會坐等卡車找你
2021/9/7
永遠不傳球
但永遠是傳奇
謝謝你 Kobe Bryant
2015/12/1 Kobe 宣布退休新聞
69 不只是 54
還是很開心的事
2023/6/9
最恐怖的夢不是惡夢
是新鴛鴦蝴蝶夢
2016/1/12
一天省下一杯咖啡錢
你也不會變有錢
2023/4/28
防疫小撇步
躺在床上
把餅掛在脖子上
2021/5/24

疫情還沒結束前
我的臉還沒變瘦前
口罩我都會戴著

2021/7/7

選莫德納不選 AZ
最主要原因
是手臂可以吸湯匙

2021/7/14

不管我們都在逆風
還是真的有高飛
這八年你辛苦了

2016/5/20　馬英九就職滿兩屆

長輩緣就是
你有長輩　就有緣
你沒長輩　就沒緣

2021/3/29

神來也麻將 三秒就湊桌
親戚問的問題 三句就想翻桌

2019/2/8

2/29 生日的人
都希望
2/28 有人會關心他

2022/2/28

母親節最快樂的
都不是母親本人
而是商人

2021/5/9

人生就像去西天取經
路途總有
唐僧 悟空 悟淨 還有你

2023/5/10

當一陣風吹來
我沒開電風扇
一定是好兄弟
而祝福而感動

2020/9/3

小朋友才在愚人節戲弄人
大人是每天都想戲弄人

2021/4/1

除了勤洗手
沒朋友也是抗疫的關鍵

2022/5/18

以下兩件事聽聽就好
1. 愛你一輩子
2. 下次約吃飯

2022/6/26

千萬不要跟好朋友吵架
不然你們的秘密
都會變成對方的把柄

2022/11/21

會在萬聖節嚇你的　是小朋友
平常就會嚇你的　是你的好朋友

2021/10/30

洗澡時遇到地震
真的很怕
小鳥就這樣飛走

2022/9/18

紓困有過　快樂似神仙
紓困沒過　快要變成仙

2021/6/20

星座說出你的缺點　你就同意
朋友說出你的缺點　你就生氣

2023/4/16

還沒中的人
不是天選之人
就是超邊緣人

2022/6/24

啊～多麼痛的領悟
我三不五時就會腦霧

2022/8/21

讓你最快回家的
不是任意門
而是射龍門

2017/1/30

七彩燈光不再亮
hifi 音響不再響
謝謝你豬大哥

2017/5/16　豬哥亮離世

真希望這世界上有
不會變胖的疫苗

2021/3/5

會跟你擦肩而過的
可能是愛情
可能是疫情

2021/5/3

沒事不要搶衛生紙
是新冠肺炎
不是腸胃炎

2021/5/13

人性最醜陋的一面
就是
不開美肌

2023/4/14

一整年
量了很多次的體溫
卻不敢量一次的體重

2021/2/10

分享心事的是朋友
分享 Netflix 的是真朋友

2020/10/16

每天會發一堆限動的人
突然一天不發
會以為他死了

2020/11/26

換手機　舊機換新機
換男友　舊雞換新雞

2023/7/7

最怕朋友突然關心
更怕朋友一點都不關心
2018/10/2

會不見不散的是朋友
會陰魂不散的是真朋友
2018/12/3

NBA停賽
球員空虛
球迷寂寞
組頭覺得冷
20/3/13 NBA 宣布疫情期間停賽

因為無常，

所以我們必須更在乎日常，

認真過生活的一點一滴。

這世界太多喜怒哀樂必須品嚐，

分分秒秒可能都是精彩，

但時時刻刻也都在遺憾。

如果離開人生，可以帶著一個東西的話，
我想就是溫語錄的咖啡杯。

至少可以跟孟婆湯阿姨說，
我有帶自己的杯子。

這可能是我活著時，大部分的人因此認識我的一個物品，
對我來說它就像我的孩子。

不只是一個杯子或一張貼紙。

如果你不夠騷
請別整天發牢騷

2023/3/29

快快樂樂出門
陰陰陽陽回家

2022/6/2

當年消費券被父母拿走的
今年振興券
絕對要自己花掉

2020/6/3

不管疫情如何
我永遠會跟我討厭的人
保持社交距離

2020/5/17

真希望
上帝除了開關門窗之外
能順便幫我打掃房間

2023/3/31

再次呼籲
吃蝙蝠
不會變蝙蝠俠

2020/2/9

打第三劑
是為了保護自己
不是為了去酒店

2022/4/21

防疫視同做愛
請不要
只撐三分鐘而已

2020/2/25

愛情　會心癢癢的
疫情　會喉嚨癢癢的

2022/5/11

揪你說你不來
沒揪你又說你沒揪

2019/1/22

再怎麼堅強
快篩完還是會淚流滿面

2022/5/13

口罩跟保險套一樣
真的能戴著就戴著

2021/1/24

山不在高　有仙則名
快篩太深　我的鼻孔不行

2022/5/14

記住
我們共同的敵人是病毒
跟一直吃的自己

2021/5/25

疫情的唯一好處就是
請假超方便

2022/5/21

為了要把小孩送回學校
大家一定要團結抗疫

2021/5/26

很愛聊天的人 不一定很會聊天 2019/2/17	永遠不要得罪 知道你很多秘密的人 2017/4/7
叫朋友去打疫苗 主要不是為了防疫 是要讓朋友也感受副作用 2021/9/10	合者來 不合者去 ………吃大便 2017/9/1
當媽媽拿起雞毛撢子 不是哪裡髒了 就是你要完了 2021/1/18	有了人體工學椅 讓你不再迷戀八爪椅 2023/4/27 人體工學椅合作語錄
沒有人比 你媽的還愛你 2019/5/12	真正的好朋友就是 再怎麼樣白爛 你都不會賭爛 2018/5/5022
爸爸謝謝你那晚的努力 才有現在的我 2020/8/8	陪你一起做夢的是朋友 陪你一起圓夢的是真朋友 2018/5/7
物以稀為貴 自己喜歡更珍貴 2016/8/23	小時候永遠不會知道 最開心的日子 就是小時候 2018/7/21
拔到獅子的鬃毛 掉落的頭髮就會長回來 沒拔到七天後才會回來 2017/1/25	越老越會發現 有朋友很開心 沒朋友也沒關係 2019/2/18
朋友不用多 有幾個有行動充的就好 2017/2/16	不管熟不熟 玩笑都不要開過頭 2019/1/23

人生很苦，而且不回甘

作者｜溫秉錞
書籍攝影｜莫 MO (Instagram:mohftd)
手寫字｜賴懶 (Instagram:lazylai)
封面設計｜Dinner Chih
內頁設計｜楊雅屏、林雨柔

發行人｜蘇世豪
總編輯｜杜佳玲
主編｜張霽云
行銷企劃｜涂紹慈
美術編輯｜陳雅惠
法律顧問｜李柏洋

地址｜台北市大安區和平東路三段 66 號 2 樓
出版發行｜是日創意文化有限公司
總經銷｜大和書報圖書股份有限公司

初版二刷｜2023 年 9 月 13 日
定價｜450 元

國家圖書館出版品預行編目 (CIP) 資料

人生很苦，而且不回甘 / 溫秉錞作 .-- 初版 .--
臺北市 : 是日創意文化有限公司, 2023.07
　　面 ;　公分
ISBN 978-626-96955-0-8（平裝）

1.CST: 生活指導 2.CST: 格言

177.2　　　　　　　　　　112005174